Vente du Jeudi 14 Janvier 1869

APRÈS DÉCÈS

DE

M. le Comte d'HAUBERSART

TABLEAUX

GRAVURES, CURIOSITÉS

EXPOSITIONS

PARTICULIÈRE : le Mercredi 13 Janvier 1869
PUBLIQUE : le Jeudi 14 Janvier 1869

Me DELBERGUE-CORMONT | M. J.-M. DHIOS
COMMISSAIRE-PRISEUR. | EXPERT.

PARIS — 1868

RENOU & MAULDE

IMPRIMEURS DE LA COMPAGNIE DES COMMISSAIRES-PRISEURS

Rue de Rivoli, 144.

CATALOGUE

DE

4 BEAUX TABLEAUX

PAR

Jacques RUYSDAEL, Jean Van HUGTENBURCH
Ludolf BACKHUYSEN, Gérard BERCKEYDEN

DE

GRAVURES ENCADRÉES, BRONZES DE BARYE

Miniatures par AUGUSTIN et autres Maîtres

CURIOSITÉS DIVERSES

DONT LA VENTE AUX ENCHÈRES PUBLIQUES AURA LIEU

APRÈS DÉCÈS

De M. le Comte d'HAUBERSART

ANCIEN CONSEILLER D'ÉTAT, ANCIEN DÉPUTÉ DU NORD
OFFICIER DE LA LÉGION D'HONNEUR

HOTEL DROUOT

SALLE N° 5

Le Jeudi 14 Janvier 1869

A TROIS HEURES

Mᵉ **DELBERGUE-CORMONT**, Commissaire-Priseur,
rue de Provence, 8,

Assisté de M. **DHIOS**, Expert, rue Le Peletier, 33.

EXPOSITIONS

PARTICULIÈRE : le Mercredi 13 Janvier 1869, de une heure à cinq heures.
PUBLIQUE : le Jeudi 14 Janvier 1869, de midi à trois heures.

PARIS — 1868

CONDITIONS DE LA VENTE

Elle sera faite au comptant.

Les Acquéreurs paieront CINQ POUR CENT en sus du prix d'adjudication.

Les Tableaux seront vendus à quatre heures et demie.

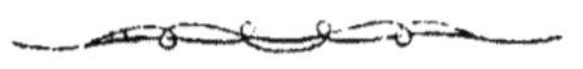

DÉSIGNATION

TABLEAUX

RUYSDAEL (JACQUES)

1 — Le Torrent.

Un torrent dont les eaux rapides se brisent en écumant contre des quartiers de rochers dispersés çà et là, coule au fond d'un ravin entre deux monticules boisés et reliés au second plan par une passerelle en planches. Sur les terrains de droite s'élève un énorme chêne parmi des massifs de verdure. Les terrains de gauche sont occupés par un bouquet de sapins et par un sentier où chemine un troupeau de moutons. Au premier plan, du même côté, un sapin renversé baigne ses branches chargées de feuilles dans les eaux du torrent. Le ciel est nuageux.

L'exécution de ce tableau est large et savante, la couleur puissante et harmonieuse.

Toile. — Haut. 98 c. Larg. 81 c.

BACKHUYSEN (LUDOLF)

2 — **Marine.**

A quelque distance d'une digue en bois, qui occupe la droite et à l'extrémité de laquelle sont deux petites figures, voguent en pleine mer, toutes voiles déployées, un bâtiment de guerre et une barque de pêcheur. Dans le lointain on aperçoit un trois-mâts et d'autres navires. Les vagues sont agitées; d'épais nuages s'amoncellent à l'horizon et menacent d'envahir la partie du ciel encore lumineuse, — de cette clarté douce, grisâtre, particulière au ciel des pays froids.

Ce tableau, d'un effet dramatique grandement compris, est de la plus belle qualité du maître et de son pinceau le plus moelleux et le plus rendu. Il est en outre de ce coloris clair et argenté, d'autant plus estimé que grand nombre des productions de Backhuysen ont poussé au noir.

Toile. — Haut. 66 c. Larg. 81 c.

HUGTENBURCH (JEAN VAN)

— 3 — Attaque d'un Convoi militaire.

Deux partis de cavalerie sont aux prises sur la
pente d'un mamelon qui occupe le premier plan.
Les combattants, les chevaux qui se cabrent, les
cavaliers démontés, les blessés, les charriots et les
attelages du convoi, forment un groupe d'une
singulière animation. Au milieu de la mêlée, un
cavalier dirige un pistolet sur son adversaire
armé d'un sabre et monté sur un cheval blanc.
Au second plan, à droite, des fantassins sont
embusqués sur la lisière d'un bois.

Importante composition, d'une couleur bril-
lante, d'une exécution facile et spirituelle.

Toile. — Haut. 74 c. Larg. 87 c.

BERCKEYDEN (GÉRARD)

4 — Place d'une Ville de Hollande.

Sur une place publique bordée d'habitations particulières, et avoisinant une eglise qui domine la composition, sont dispersées de nombreuses figures : magistrats, ecclésiastiques, bourgeois, marchande de fruits, cavaliers suivis de leurs chiens, etc...

Tous ces petits personnages sont finement dessinés. La précision des détails, l'exactitude de la perspective et la vigueur de l'effet donnent à ce tableau un aspect de grande vérité.

Toile. — Haut. 68 c. Larg. 89 c.

MINIATURES

5 — AUGUSTIN, 1814 (Signé). Portrait de Louis XVIII; miniature de forme ovale.

6 — J. LIÉNARD (Signé). Portrait de Louis-Philippe; peinture sur porcelaine.

7 — DU MÊME. Portrait de Charles X; peinture sur porcelaine.

8 — A. HERVIER (Signé). La Duchesse de Nemours; miniature sur ivoire.

9 — Portrait de la Duchesse de Berry; miniature sur ivoire.

10 — Émail. Portrait de Napoléon 1er, en 1812.

ESTAMPES ENCADRÉES

11 — Louis XIII, par SOUTMAN, d'après RUBENS.

12 — Louis XV, par DREVET, d'après RIGAUD.

13 — Le Duc de Bourgogne, par DREVET, d'après RIGAUD.

14 — Le Dauphin de France, par DREVET, d'après RIGAUD.

15 — Le Cardinal Dubois, par DREVET, d'après RIGAUD.

16 — Le Cardinal de Fleury, par DREVET, d'après RIGAUD.

17 — Le Comte de Toulouse, par DREVET, d'après RIGAUD.

18 — Maurice de Saxe, par WILLE, d'après Rigaud.

19 — Maréchal de Belle-Ile, par WILLE, d'après RIGAUD.

20 — Frédéric II, par WILLE, d'après PESNE.

21 — Portrait d'un Prince, par WILLE, d'après TOCQUÉ.

22 — Henri IV, d'après PORBUS.

23 — Mazarin, par NANTEUIL.

24 — Turenne, par NANTEUIL.

25 — Louvois, par EDELINCK, d'après LEBRUN.

26 — Gustave-Adolphe, par P. PONTIUS, d'après VAN DYCK.

27 — Louis XIV.

28 — Louis XVI, par HENRIQUEZ.

29 — Necker, par SAINT-AUBIN, d'après DUPLESSIS.

30 — Colbert, par AUDRAN, d'après CLAUDE LEFÈVRE.

31 — Catinat, par VERMEULEN.

32 — William Pitt, d'après GAINSBOROUG.

33 — Comte de Vergennes, par BERWIC.

34 — Le Duc de Choiseul, par FESSARD, d'après VANLOO.

35 — Louis Dauphin, par PETIT, d'après LATOUR.

36 — Le Duc de Richelieu, par LIGNON, d'après LAWRENCE.

37 — Le Duc de Richelieu, par MELLAN.

38 — Marie-Antoinette et ses Enfants, par NARGEOT, d'après M##me LEBRUN.

39 — Napoléon I##er, par ARISTIDE LOUIS, d'après DE LAROCHE.

40 — Le Comte de Cazes, par TOSCHI, d'après GÉRARD.

41 — Le Congrès de Vienne, par GODEFROY, d'après ISABEY.

42 — Talleyrand, par BOUCHER DESNOYERS, d'après GÉRARD.

43 — Louis XVIII, d'après GÉRARD.

44 — Charles X, par TURNER, d'après LAWRENCE.

45 — Le Duc d'Angoulême, par AUDOIN.

46 — Duc de Berry.

47 — Le Général Foy, d'après HORACE VERNET.

48 — Un Magistrat, par ACHILLE MARTINET, d'après HORACE VERNET.

49 — Bertin, par HENRIQUEL DUPONT, d'après INGRES.

50 — Le Coucher, par PORPORATI, d'après C. VAN LOO.

51 — La Laitière, d'après GREUZE.

52 — La Pelotonneuse.

53 — Angélique, par FLAMENG, d'après INGRES.

54 — La Source, par le même.

55 — Siége de Valenciennes, d'après VANDER MEULEN.

56 — Douai.

57 — Cambrai.

58 — Un Portefeuille contenant douze portraits anciens, gravés par Chereau, Wille, Gaillard, Dupuis, Daullé, Drevet, etc., qui seront divisés sous ce numéro.

BRONZES D'ART

59 — Très-beau Candélabre à neuf lumières, en bronze ciselé et doré, style Louis XVI, supportées par une statuette de jeune Faune en bronze; socle en marbre blanc.

60 — Boa étouffant un Crocodile; bronze de BARYE, socle en marbre noir.

61 — Lion qui marche; bronze de BARYE, socle en marbre noir.

62 — Lionne; pendant du précédent.

63 — Lévrier couché; bronze de GAYRARD, 1848; socle en marbre noir.

64 — Terre-Neuve couché; bronze de FREMIET; socle en marbre noir.

CURIOSITÉS DIVERSES

65 — Marie-Antoinette, buste, biscuit de Sèvres.

66 — Buffon, biscuit de Sèvres.

67 — Le Duc d'Angoulême. Buste.

68 — Voltaire.

69 — Porcelaine de Chine : un Chat.

70 — Un Chien accroupi.

71 — Singe tenant un fruit.

72 — Faïence de Delft : Villageois trayant des vaches; deux pendants.

73 — Terre cuite : deux Statuettes de Baigneuses, par d'Osmond, d'après Falconnet et Allegrain.

RENOU et MAULDE, imprimeurs de la Compagnie des Commissaires-Priseurs, rue de Rivoli, 144. 20307